I0791463

Note pour les parents

Le mal des transports ou cinépathie chez les enfants est assez courant
et se manifeste entre 2 et 12 ans.
Il s'agit d'un état nauséeux qui peut s'accompagner de douleurs gastriques
et parfois même de crises d'anxiété.

Il ne s'agit pas de lire le conte au moment où se déclarent ces symptômes
mais d'avoir déjà connaissance de la technique à utiliser
au tout début du malaise de l'enfant.

La technique utilisée est basée sur la Thérapie Symbolique
qui est une des principales techniques de soin en Hypnose,
elle peut être adaptée à chaque enfant.
Ici, Gaby décrit l'origine de son malaise comme un monstre rouge
mais cet exemple est propre à Gaby.
En demandant à l'enfant d'exprimer son symbole à haute voix,
vous l'aidez à cristalliser les symboles,
à les rendre réels et donc à s'en débarrasser plus facilement.

Publié le 20/09/2021
Publication indépendante KDP
Mise en page: graphisme *Kom Personne*
4100 route de Subertha - 42940 St Bonnet le Courreau - www.kom-personne.com
ISBN: 9798529428023
Loi n°49-956 du 16 juillet 1949 sur les publications destinées à la jeunesse.
Septembre 2021.

Devenez le thérapeute de votre enfant

Gaby se débarrasse du mal des transports

Texte d'Afaf Hanbali
Illustrations d'Anaïs Galiana

GABY
LILIA
MAYA
ABC
Les émotions
Apprendre à lire
Montessori
Découvertes sensorielles
Les animaux
Monstres sous le lit
ABC

Gaby est content...
Il va voir la mer pour la première fois.
Sa maman lui a dit qu'il pouvait
construire des châteaux avec le sable,
ramasser plein de coquillages
et même courir
pour attraper la mousse des vagues...

Gaby a déjà tout préparé...
Le seau, la pelle, le ballon,
sans oublier son nouveau chapeau !

Une fois dans la voiture,
il s'amuse à regarder par la fenêtre
les voitures passer à toute vitesse...
Des rouges, des bleues, des vertes...
Il y a aussi plein de grands camions !

Et puis sans savoir pourquoi,
Gaby commence à ne pas se sentir bien,
il a mal au cœur et même un peu froid...

Brrrrrr...

Quand soudain,
apparaît une petite fée
de la taille d'une main.
Elle a de longs cheveux couleur arc-en-ciel.

La petite fée s'approche de Gaby
et lui chuchote à l'oreille :
« Coucou Gaby, c'est moi Luna,
je suis venue pour t'aider à te sentir mieux.
Est-ce que tu es d'accord ? »

Gaby fait oui de la tête.
Il est trop malade pour parler.

« Maintenant, dit Luna,
tu vas fermer les yeux
et regarder à l'intérieur de toi.
À quoi ressemble ce qui te rend malade ? »

Gaby fait ce que lui demande Luna...
« C'est un monstre pas beau du tout...
Tout rond comme un ballon...
Il est rouge avec de petits yeux jaunes
et de grandes dents »...
Il saute partout dans le ventre de Gaby
et fait des grimaces...
Oh Gaby ne l'aime pas du tout !

« Tu le vois ? », demande Luna
Gaby fait encore oui de la tête.

« C'est bien.
Maintenant que veux-tu faire de lui ? »

Gaby réfléchit un instant
et décide qu'il veut le rendre tout petit
de la taille d'une bille.

Le petit garçon se concentre.
Le gros monstre commence à devenir tout petit, tout
petit, tout petit...
De la même taille qu'une bille.

« Génial ! » se dit Gaby.

« À présent, dit la petite fée,
sors-le de ton ventre avec tes deux mains.
Puis, tiens-le entre tes doigts...
Il est minuscule.

Hop, jette-le d'un coup !
Tu verras,
il va passer par la fenêtre
sans même que tu aies besoin de l'ouvrir... »

« Si tu le souhaites, lui souffle Luna,
tu peux mettre à la place du monstre,
un super-héros avec des pouvoirs magiques.
Il va veiller sur toi
et ne laissera pas le vilain monstre
revenir t'embêter ».

Gaby sourit, tout content de l'idée de Luna,
se concentre davantage
et remplace le monstre par un super-héros
qui a une grande cape bleue.

« Tu peux ouvrir les yeux maintenant ».

Gaby hésite,
ouvre un œil
puis l'autre.

Le monstre a disparu,
sûrement emporté loin par le vent.
La petite fée aussi n'est plus là.

Mais Gaby est très content... car il se sent bien!
Trop chouette !

Merci Luna!

Papa, maman,...
Je ne suis plus malade!
J'ai appris comment faire
pour ne plus jamais être malade
ni dans la voiture, ni dans le train,
ni même dans le bateau.
Je peux vous montrer comment faire
si vous voulez !

Fin

Technique détaillée

1- Demandez à votre enfant de fermer les yeux et de regarder à l'intérieur de lui le symbole qui est à l'origine du mal des transports.
N'hésitez pas à l'encourager avec des phrases comme : moi quand ça m'arrive et que je regarde bien à l'intérieur de moi et bien je vois, un rond, un carré…

2- Demandez à votre enfant où se situe le symbole.
La réponse est généralement le ventre. Cette question permet surtout d'accentuer la focalisation de l'enfant.

3- Demandez à votre enfant de décrire précisément le symbole (forme, couleur, taille…).

4- Aidez votre enfant à se séparer du symbole.
En commençant par le rendre plus petit ou en choisissant un outil (aspirateur, pince …) pour le faire sortir de l'intérieur vers l'extérieur.
Encourager votre enfant à faire le geste avec les mains.

5- Assurez-vous que votre enfant jette bien le symbole derrière lui ou même le faire disparaître dans un endroit inaccessible comme une autre planète, au fond de l'océan… **C'est important que le symbole ne soit pas devant votre enfant.**

6- Demandez à votre enfant par quoi il souhaite remplacer le monstre
(un super héros qui veillera sur lui, une lumière, de la force…). Demandez-lui de vous décrire le nouveau symbole et **qu'il fasse bien le geste de le placer avec ses mains** à l'endroit où il y avait l'ancien symbole. **L'inconscient n'aime pas le vide. C'est pourquoi on ne laisse pas l'emplacement sans protection.**

7- Concluez en félicitant votre enfant. Il peut être fier de lui. Le voilà enfin débarrassé du mal des transports !